Die echte Bayerische Bauernküche

Anna - Maria Fraunhofer

Anna-Maria Fraunhofer

Die echte Bayerische Bauernküche

SüdOst Verlag

Bildnachweis:
Sämtliche Fotoaufnahmen: InForm Verlags Service, Passau
Grafiken: Creativ Collection

3. Auflage

ISBN 3-89682-013-3
© 2005 SüdOst Verlag GmbH, Waldkirchen
Umschlaggestaltung: Ludwig Gutsmiedl, Vorderfreundorf

Innereien

Fisch

Mehlspeisen süß und pikant

Kartoffelgerichte

Echte bayerische Bauernknödel und ein paar andere Beilagen

Nachspeisen

Schmalzgebackenes

Deftig, kräftig und gesund

Bedauerlicher Weise ist unsere echte bayerische Bauernküche, durch die Vielzahl der ausländischen Restaurants,
Schnellimbissstuben und tiefgefroren Fertiggerichte ganz zu
Unrecht in Vergessenheit geraten. Solche kulinarischen Ra-
ritäten, wie den „Ausgwoigldn Scheo", die „Falschen Tauben"oder die „Fleckknödel" kennt man heutzutage leider gar
nicht mehr. Was für unsere Großmütter selbstverständlich
war, haben wir noch nie gekocht oder etwa gar in einem „gut-
bürgerlichen Gasthaus" gegessen. Darum versuchen wir mit
diesem Kochbüchlein, wenigstens einige dieser bayerischen
Köstlichkeiten den Menschen wieder näher zu bringen oder
überhaupt erst bekannt zu machen. Viele der alten Bauers-
frauen, die wir nach Rezepten fragten, überlegten nicht lange,
sie hatten alle irgendeine bayerische Spezialität auf ihrem
Speiseplan. Manche von ihnen sagte: „Das ist aber viel Arbeit"
oder „Ob euch das heute noch schmeckt?" Ich kann nur dazu
sagen: Wir haben alles nachgekocht und es war nichts dabei,
was nicht geschmeckt hätte oder nicht nachzumachen ist.
Manches dauert schon ein bißchen länger in der Zubereitung,
aber dafür ist der Erfolg der Köchin um so größer.
Gerade jetzt nimmt die Zahl der Wochenmärkte und Bau-
ernläden glücklicherweise wieder zu und hier gibt es viele Zutaten, die wir für unsere Gerichte brauchen, wie z.B. bröseli-
gen Topfen (trockenen Quark), Rübenkraut oder Dotschn.
Mit diesem Buch möchten wir versuchen, den ehemals guten
und besonderen Ruf der bayerischen- und Bauernküche
wieder herzustellen und zeigen, daß diese echte bayerische
Küche nicht etwa nur „schwer und fettreich", sondern - ganz
im Gegenteil - sehr vielfältig, abwechslungsreich, schmackhaft
und obendrein gesund ist.

Viel Freude und gutes Gelingen beim Nachkochen!

Kalte Gerichte

Bratensülze

Für den Sud:
4 Schweins- oder Kalbsfüsse
1/4 l Essig
Salz
10 Pfefferkörner
1 Zwiebel
4 Nelken
1 Lorbeerblatt
Zitronenscheiben

1 kg kalter Schweinebraten
2 gekochte Eier
2 Essiggurken
2 Gelbe Rüben
Petersilie

Am besten läßt man sich die Schweinsfüsse vom Metzger gleich durchhacken. Die gewaschenen Stücke werden mit reichlich kaltem Wasser zugesetzt und mit Salz und Pfefferkörnern gekocht. Nach etwa einer Stunde gibt man die Zwiebel, die Nelken, das Lorbeerblatt und die Zitronen dazu. Der Sud soll nur leise köcheln, damit die Suppe klar bleibt. Die Suppe etwas erkalten lassen, damit man die Fettaugen abschöpfen kann, sofern man will. Wer eine ganz klare Sulz möchte, muß sie nach dem Entfetten noch mal erwärmen, halbsteifgeschlagenen Schnee von 2 Eiern und eine fein zerriebene Eischale unterziehen und kurz aufkochen lassen. Nach dem Erkalten kann man die Eihaut wunderbar abnehmen und die Suppe darunter ist ganz klar. Den Braten, die Eier, die Essiggurken und die Gelben Rüben in Scheiben schneiden, in einen tiefen Teller legen und schön garnieren. Die Brühe darübergießen, kalt stellen und einige Stunden durchziehen lassen.

9

Kaskugelkas

300 g trockenen Quark
Salz, Pfeffer, Kümmel

Der Quark muß ganz trocken sein (vielleicht in einem Tuch ausdrücken), dann wird er ganz fein hergebröselt und mit Salz, Pfeffer und Kümmel verrührt. Aus der Masse werden kleine, runde Kugeln geformt, die auf einem Holzbrett an einem warmen Ort zum Trocknen gestellt werden müssen. Das kann schon Tage dauern. Die Kugeln sollen immer wieder gedreht werden, damit sie auf allen Seiten gut trocknen können und steinhart werden. So kann man sie aufbewahren, bis man sie braucht.
Für den Kaskugelkas reibt man die harten Kugeln mit einer Kartoffelreibe ganz fein auf, salzt und pfeffert noch ein wenig und gibt dicke, süße Sahne, evtl. mit Creme fraiche verrührt, dazu.
Mit Schnittlauch garniert ist das im Sommer ein herrlicher Brotaufstrich.

Obatzda

100 g weicher Camembert
Butter
1 milde Zwiebel
Salz
Pfeffer, Paprika
Kümmel

Den Camembert in Stücke schneiden und mit der Gabel fein zerdrücken, dann die Butter gut unterrühren, daß sie keine Klümpchen macht. Zwiebel fein hacken und mit Salz, Pfeffer, Paprika und etwas Kümmel in den Käse einrühren. Den Obatzden im Kühlschrank zwei Stunden durchziehen lassen und mit Schnittlauchröllchen servieren.

Salate

Kartoffelsalat

1 kg festkochende Kartoffeln
1 Zwiebel
2 Essiggurken
Salz, Pfeffer
Essig, Öl
1/4 l Fleischbrühe
Sauerrahm oder Majonaise
Schnittlauch oder Kresse

Die gekochten Kartoffeln in dünne Scheiben schneiden, Zwiebel fein hacken, Essiggurken in kleine Stückchen hacken. Aus Salz, Pfeffer, Essig, Öl, evtl. einer Prise Zucker, warmer Fleischbrühe und Sauerrahm eine Salatsoße mischen und über die Kartoffeln gießen. Gut durchmischen und kurz durchziehen lassen. Den Kartoffelsalat unbedingt warm anmachen, dann schmeckt er besser.

Radisalat (Rettichsalat)

2 große Bierradi
Salz, Pfeffer, Zucker
Essig, Öl
Schnittlauch

Den Radi schälen und raspeln, dann aus den Zutaten eine Marinade rühren und über den Rettich gießen, gut durchmischen und etwa 10 Minuten ziehen lassen.
Schmeckt gut zu Schweinebraten.

Ranen- Salat (rote Rüben)

3-4 Ranen
Essig, Öl
Salz, Pfeffer, Kümmel
Sauerrahm

Die Ranen im Salzwasser oder im Dampftopf kochen, schälen
und in dünne Scheiben schneiden. Noch warm mit Salz, Pfeffer, Essig, Öl und Kümmel anmachen und gut durchziehen
lassen. Wenn der Salat kalt ist, noch einen guten Eßlöffel
Sauerrahm unterrühren.

Vogerl oder Rapunzelsalat

150 g Vogerlsalat (Feldsalat)
1 kleine Zwiebel
Salz, Pfeffer, Zucker
Senf, Essig, Öl
Sahne

Den Salat gut waschen, da er meist sehr sandig ist und abtropfen lassen. Aus Salz, Pfeffer, Zucker, Senf, Essig, Öl, Sahne
und der feingehackten Zwiebel eine sämige Salatsoße anrühren und den Salat gut damit durchmischen. Diesen sofort
zu Tisch bringen, da er schnell zusammenfällt.

Suppen

Biersuppe

0,5 l Weißbier
250 ml Milch
2 Eidotter
1 EL Mehl

Zimt, Zucker
Muskat, Salz, Pfeffer
Weißbrotwürfel

Das Mehl mit den Eidottern und der Milch anrühren, Weißbier dazu geben und 5 Minuten aufkochen lassen. Dazu kommt ein Stückchen Zimt, eine Prise Zucker und Muskat. Zuletzt schmeckt man die Suppe mit Salz und Pfeffer ab. Man serviert sie mit gerösteten Weißbrotwürfeln.

Enten,- oder Gansjung Suppe

Entenjung (Kopf, Flügel, Hals und Innereien)
Suppengrün
1 kleine Zwiebel
Salz, Pfeffer
Fleischbrühe
Butter, Mehl
eine Tasse gekochten Reis

Das Enten,- oder Gansjung in einem Topf mit Suppengrün, Wasser, Salz, Pfeffer und einem Fleischbrühwürfel weichkochen. Danach die Innereien kleinschneiden und das Fleisch von den Knochen lösen. In einem Topf Butter zerlassen, eine gehackte Zwiebel andünsten und das Fleisch dazugeben. Alles ein wenig anbraten, mit der Fleischsuppe aufgießen, ein Stückchen Butter mit einem Löffel Mehl verrühren und in die Suppe geben. Nochmals aufkochen lassen und zum Schluß den Reis dazu schütten. Mit viel Petersilie servieren.

Fleischstrudelsuppe

Teig:
300 g Mehl   Prise Salz
5 EL Öl   lauwarmes Wasser

Mehl auf das Brett sieben in der Mitte eine Grube machen und das Salz, das Öl und soviel Wasser, wie der Teig braucht zugeben. Alles gut verkneten, bis der Teig glatt und geschmeidig ist, je länger man knetet um so besser läßt sich der Teig ausziehen. Dann den Teig mit Öl bestreichen und mindestens eine halbe Stunde unter einer immer wieder angewärmten Schüssel ruhen lassen.

Füllung:
In der Zwischenzeit ein in der Rindsuppe gekochtes Ochsenfleisch durch den Fleischwolf drehen, mit Petersilie und einer klein gehackten Zwiebel vermischen. Alles auf den dünn ausgezogenen Strudelteig streuen, salzen und pfeffern, in einem Geschirrtuch aufrollen, zusammenbinden, im Wasser kochen und in der Rindsuppe servieren. Eventuell noch mit Schnittlauch bestreuen.

Hirnknöpflein-Suppe

Kalbshirn   Butter
2 Eier   Salz, Pfeffer, Muskat
Semmelbrösel   Zitronenschale

Ein halbes Kalbshirn fein schaben, dann ein walnußgroßes Stück Butter schmelzen und zum Hirn geben, dazu gibt man zwei Eier, Salz, Pfeffer Muskat, abgeriebene Zitronenschale und Semmelbrösel. Der Teig sollte ein wenig stehen, damit er etwas andickt. Dann sticht man mit einem Teelöffel kleine Knöpflein ab und gibt diese in kochende Fleischsuppe.

Kartoffelsuppe mit Speck

1 kg mehlige Kartoffeln	*1/4 Sellerie*
1 große Zwiebel	*Fett*
150 g Speckwürfel	*Brühe*
1 gelbe Rübe	*Majoran, Estragon oder Maggiekraut*
1/2 Stange Lauch	*Salz, Pfeffer*

Die Speckwürfel im Fett mit der gehackten Zwiebel andünsten. Die Kartoffeln, gelbe Rübe, den Lauch und den Sellerie in kleine Stücke schneiden und ebenfalls ins Fett geben und kurz mitanbraten. Dann mit Brühe aufgießen, salzen, pfeffern und die Gewürze dazu geben und solange kochen, bis die Kartoffelwürfel weich sind. Man kann, wenn die Suppe etwas dünn geworden ist, 15 Minuten vor Garende zwei rohe Kartoffeln in die Suppe reiben, dann dicken sie die Suppe noch ein. Wenn die Suppe nicht mehr kocht, ein bis zwei Löffel Sauerrahm unterrühren.

Ochsenschwanzsuppe

500 g Ochsenschwanz	*3 EL Mehl*
1-2 l Wasser	*2 Lorbeerblätter*
2 Bund Suppengrün	*Salz, Paprika, weißer Pfeffer*
2 Zwiebeln	*1 Glas Rotwein oder Madeira*
4 EL Butter oder Fett	

Der gewaschene, in fingerlange Stücke zerteilte Ochsenschwanz wird mit Zwiebeln, Lorbeerblättern und Wurzelwerk in zwei Eßlöffel Fett gebräunt, mit warmen Wasser übergossen und etwa zwei Stunden gesotten. Inzwischen bereitet man eine recht dunkle Einbrenne, gießt mit der durchgeseihten Ochsenschwanzbrühe auf, würzt mit Salz, Paprika und Pfeffer, gibt das von den Knochen abgelöste Fleisch, würfelig geschnitten, dazu und verfeinert die Suppe mit einem Glas Rotwein oder Madeira.

Milzschnitten Suppe

250 g Milz	125 g Mehl
(beim Metzger	2 Eier
unbedingt vorbestellen)	1/8 l Milch
3 Semmeln	1 kleine, feingehackte Zwiebel
30 g Butter	Salz, Pfeffer

Die Milz aufschneiden und ausschaben. Butter heiß werden lassen, die Zwiebeln und die Milz so lange anbraten, bis diese nicht mehr blutig ist, dann salzen und pfeffern.

Die Semmeln in 1/2 cm dicke Scheiben schneiden, je eine Scheibe dick mit der Milzmasse bestreichen und mit einer trockenen Semmelscheibe zusammenkleben.

Aus Mehl, Ei, Milch und einer Prise Salz einen Teig machen, die Milzschnitten darin eintauchen und in heißem Fett hellbraun ausbacken. Mit heißer Fleischbrühe aufgießen und mit Schnittlauch bestreuen.

Krautsuppe

1 mittelgroßes Weißkraut
150 g Speckwürfel
1 große Zwiebel
Salz, Pfeffer, Muskat
1 Becher Sahne
Fleischbrühe

Das Kraut putzen, von den Strünken befreien und in nicht zu feine Streifen schneiden. In einem hohen Topf Fett erhitzen, die gewürfelte Zwiebel und den Speck darin anbraten, dann das Kraut dazu geben und kurz dünsten. Mit der Fleischbrühe aufgießen, gut salzen und pfeffern und etwa 20 Minuten kochen lassen.

Zum Schluß mit Sahne und Muskat abschmecken.

Milzschnittensuppe, Krautsuppe

Niederbayerisches Kümmelfleisch

Fleischspeisen

Niederbayerisches Kümmelfleisch

750 g Schweinefleisch
1 gehackte Zwiebel
1 EL Kümmel
1/2 Tasse Schwarzbrotbrösel
1 Glas Bier
1/2 Tasse Sauerrahm
Fett, Salz

Das Fleisch in Würfel schneiden, mit der Zwiebel in Fett anbraten, Salz und Kümmel zugeben. Dann gießt man mit Bier auf, gibt die Brösel dazu und läßt das Fleisch darin langsam und zugedeckt gar werden. Dabei muß man gelegentlich mit Wasser oder Fleischbrühe nachgießen. Zuletzt wird mit Suppenwürze und Sauerrahm abgeschmeckt.

Essig-Ripperl

2-3 Pfund rohe Schweinerippen
3 l Wasser
Salz, Pfefferkörner

Lorbeerblatt, Wacholder
1/4 l Weinessig
1 Bund Suppengrün

Das Wasser mit den ganzen Zutaten zu einem kräftigen Sud mischen, dieser muß beim Probieren fast zu sauer schmecken, und die Rippchen darin kochen, bis sich das Fleisch von den Knochen löst.
Man kann gekochte Kartoffeln dazu essen.

Falsche Tauben

6 - 8 Semmeln	*Salz, Pfeffer, Thymian, Petersilie*
400 g Hackfleisch	*Milch*
1 Ei	*Sauerrahm*
1 Zehe Knoblauch	

Die Semmeln werden seitlich aufgeschnitten und vorsichtig ausgehöhlt. Man befeuchtet sie mit Milch und läßt sie kurz ziehen. In der Zwischenzeit bereiten wir aus Hackfleisch, Ei, Knoblauch, Petersilie, Salz, Pfeffer und Thymian eine würzige Fülle und geben diese in die Semmeln. Man bestreicht die gefüllten Semmeln mit zerlassener Butter und brät sie im Rohr bei 180⁰ ca. 30 Minuten unter gelegentlichem Begießen mit Sauerrahm. Zuletzt gibt man eine (fertige) Bratensoße dazu und läßt die falschen Tauben darin noch kräftig schmoren. Dazu paßt ausgezeichnet Kartoffelbrei.

Gefüllte Schweinshaxe

1 große Schweinshaxe	3 Eier
5 Semmeln	Salz, Pfeffer, Muskat, Majoran
1 Zwiebel	Speckwürfel
1 Stückchen Butter	Milch
Petersilie	
1 gehackte Essiggurke	

Die Haxe wird vorsichtig vom Knochen befreit und auf der Schmalseite zugenäht.

Dann macht man eine Semmelfülle, wie für Semmelknödel, gibt viel Majoran und den gewürfelten Speck daran und füllt damit die Schweinshaxe. Man näht auf den Schnitt ein Stück Schwarte, damit die Haxe wieder schön geschlossen ist. Diese wird im Rohr bei 200° unter häufigem Begießen goldbraun gebraten und in dicke Scheiben geschnitten. Besonders gut schmeckt es, wenn die Haxe mit dunklem Bier begossen wird.

Kalbsbrust gefüllt

mindestens 1kg Kalbsbrust
60 g Butter
1 Speckschwarte
1 Bund Suppengrün
1 Zwiebel
Salz
Pfeffer
Für die Fülle:
4 EL Semmelbrösel
2 kleine Eier
1/2 Tasse Milch
1 EL geschmolzene Butter
1 kleine Zwiebel
Salz, Pfeffer, Muskat, Petersilie, Estragon
1 Handvoll frischer Pilze

Kalbsbrust vom Metzger entbeinen und zu einer Tasche einschneiden lassen. Innen gut salzen und pfeffern und mit folgender Semmelfarce füllen: Semmelbrösel mit Milch übergießen, Butter und die Eier hinzu fügen, mit Salz, Pfeffer, der kleingeschnittenen Zwiebel und den gehackten Kräutern würzen. Man kann auch feingewiegte Pilze daruntermischen. In die Tasche einfüllen und die offene Seite der Brust zunähen. Das Fleisch mit Suppengrün, Zwiebel und der Speckschwarte braten. Ab und zu aufgießen, aber nicht zu viel, damit die Soße schön sämig bleibt.
Mit Kartoffeln und Salat zu Tisch bringen.

Kalbsnierenbraten

etwa 1 kg Kalbsnierenbraten (vom Metzger schon gerollt)
40 g Butter
je eine Zwiebel, Gelbe Rübe
ein Stückchen Lauch
1/2 Zitrone
1 Lorbeerblatt
1 Handvoll Estragonblätter
1 Teel. Mehl
heißes Wasser
Salz, Pfeffer, Sauerrahm

Den Braten gut waschen, abtrocknen, mit Salz und Pfeffer bestreuen, mit Butter bepinseln und auf den heißen Rost legen
(ca. 250° C). In die Auffangschale kommt heißes Wasser, ein
Stückchen Butter, die geschnittenen Gemüse, Zitronenscheiben, das Lorbeerblatt und der Estragon. Der Braten muß an-
fangs alle 5 Minuten mit flüssiger Butter und später mit Salzwasser bestrichen werden. Auch die Flüssigkeit in der Auffangschale darf nicht anbrennen. Nach etwa 60 Minuten nehmen wir den Bratfond heraus, lassen ihn aufkochen, binden
mit in Sauerrahm verquirltem Mehl und streichen die Soße
durch ein Sieb. Man kann noch mit Sauerrahm verfeinern.
Dazu servieren wir Semmelknödel und Blattsalat.

Kitzerl in Essig gesotten

1 Kitz
einige Zwiebeln
5 Gewürznelken

1/4 l Weinessig
Petersilie
Salz, Pfeffer

Das in portionsgroße Stücke geschnittene Kitz wird mit heißem Wasser blanchiert, damit das Fleisch schön weiß wird. Dann legt man es mit einigen aufgeschnittenen Zwiebeln, den Nelken, Petersilie, Salz, Pfeffer, Weinessig und Wasser in einen großen Topf und läßt das Fleisch darin weich kochen. Zuletzt richtet man es in einer Schüssel mit Essigbrühe und einem Stück Butter an und gibt reichlich gehackte Petersilie darüber.

Krautwickerl

1 großer, lockerer Krautkopf
Salzwasser
500 g gemischtes Hackfleisch
1 EL Schmalz
2 Zwiebeln
1 alte Semmel
Milch

Salz, Pfeffer
1 EL Mehl
1 Ei
1 Zehe Knoblauch
Petersilie
1 Dose Tomatenmark
Sauerrahm

Krautblätter vorsichtig ablösen, Rippen entfernen und im Salzwasser 10 Minuten kochen. Abtropfen lassen und inzwischen die Fülle aus der in Milch eingeweichten, ausgedrückten Semmel, einem Ei, einer feingehackten Zwiebel, Knoblauch, Hackfleisch, Salz, Pfeffer und Petersilie zubereiten. Nun legen sie zwei bis drei Kohlblätter auf ein feuchtes Brett, geben einen guten Eßlöffel der Fülle darauf. Dann die Blätter zusammenrollen und zubinden. Die Rouladen in Mehl wälzen und in heißem Fett rundum schön braun anbraten. Mit Brühe aufgießen, Tomatenmark einrühren und zugedeckt 30 Minuten gardünsten. Zum Schluß die Rouladen warmstellen und die Soße mit Sauerrahm binden. Die Wickerl in der Soße servieren und Kartoffelbrei dazu geben.

Milzwurst

4 Scheiben Milzwurst (etwa 1cm dick)
2 Eier
Mehl
Semmelbrösel
Fett
Salz, Pfeffer

Die Milzwurstscheiben leicht salzen und pfeffern, in Mehl, Ei und Semmelbrösel wenden und im heißen Fett ausbacken. Dazu gibt es Kartoffelsalat, den man entweder mit einer Salatgurke oder mit Feldsalat mischt.

Boef à la mode

1kg Rindfleisch   *1 Speckschwarte*
(Blume oder Schwanzstück) *1/4 l Weißwein*
100 g Speck   *3/4 l heißes Wasser*
1 EL Butter   *Salz, Pfeffer, 2 Nelken*
1 Suppengrün   *1 Schuß Cognac*
1 Zwiebel

Das Fleisch mit feinen Speckstreifen spicken und in einem großen Topf, in heißer Butter, rundum gut anbraten. Einen Bund kleingeschnittenes Suppengrün, eine mit den Nelken gespickte Zwiebel und die Speckschwarte dazu geben. Nach und nach mit Wasser und Weißwein aufgießen und alles ganz langsam, mindestens 3 Stunden, bei geringer Hitze, im geschlossenen Topf, schmoren lassen. Eine Stunde bevor das Fleisch weich ist, sollten sie erst salzen, damit der Braten schön saftig bleibt. Die Soße durch ein Haarsieb streichen und mit dem Cognac verfeinern.
Beilagen: Nudeln oder Kartoffelpüree und Salat.

Panierter Kalbskopf

1/2 oder 1 ganzer Kalbskopf
(beim Metzger bestellen)
Wasser, Salz
Pfefferkörner

Lorbeerblatt und Wacholderbeeren
Mehl
2 Eier
Semmelbrösel

Den Kalbskopf gut waschen und in viel Wasser mit Lorbeer, Wacholder, Pfefferkörner und Salz, man kann auch noch einen Schuß Essig zufügen, weich kochen. Danach das schöne und schmackhafte Backenfleisch auslösen, in Scheiben schneiden und in Mehl, Ei und Semmelbrösel panieren.

Rindsrouladen

4 dünne Rouladen
4 dünne Scheiben Speck
4 Essiggurken
scharfen Senf
2 große Zwiebeln

Salz, Pfeffer,
1 EL Butter
1 EL Mehl
2 EL Sauerrahm
Tomatenmark

Fleisch waschen, gut abtrocknen und leicht klopfen. Dann die Rouladen auf beiden Seiten salzen und pfeffern, auf der Innenseite mit Senf bestreichen, Speckscheibe darauflegen und eine halbe, in Streifen geschnittene Essiggurke darin einrollen. Die Röllchen mit Spießen zusammenstecken, in Mehl wenden und in heißem Fett rundum anbraten. Dann die gehackten Zwiebeln und eventuell auch feingeschnittenes Suppengrün dazu geben. Mit Wasser aufgießen und langsam schmoren lassen. Wenn das Fleisch weich ist, die Rouladen aus der Soße nehmen, das Gemüse fein zerdrücken und die Soße mit Sauerrahm und einem Tropfen Tomatenmark binden. Mit Kartoffelpüree oder Salzkartoffeln servieren

Schweinebraten mit Schwarte

1 kg Schweinefleisch (Keule)
Salz, Pfeffer
1 Zwiebel, eine gelbe Rübe
Knoblauch
Kümmel

Die Keule entbeinen und die Schwarte vom Metzger einschneiden lassen. Den Braten ungesalzen, mit der geschnittenen Zwiebel und der gewürfelten Gelben Rübe, dem Knoblauch und einem Stück Brotrinde in die Reine legen. Wasser
daran gießen und im vorgeheizten Rohr bei 250º C braten.
Nach 30 Minuten das Fleisch umdrehen, daß die Schwarte
oben ist, und erst jetzt salzen, pfeffern und den Kümmel darüber streuen. Immer wieder mit dem austretenden Bratensaft
begießen. Gesamte Bratzeit etwa 2 Stunden.
Beilagen: Krautsalat und Reiberknödel.

Innereien

Herz nach Jägerart

500 g Schweine-, oder Kalbsherz
100 g durchwachsenen Speck
1 große Zwiebel
3-4 Nelken
Wacholderbeeren
1 Lorbeerblatt
Salz, Pfeffer
Rotwein
Sauerrahm

Das Herz gut waschen, von Fett und Sehnen befreien und in Scheibchen schneiden.

Im Dampftopf Fett erhitzen, die gehackte Zwiebel und den gewürfelten Speck andünsten, dann das Herz zugeben und alles noch gut anbraten. Das Herz gut salzen und pfeffern und ein wenig mit Mehl besteuben. Mit Rotwein aufgießen, Wacholderbeeren, Lorbeerblatt und Nelken zugeben.

Man kann in die Soße auch noch eine kleine Ecke Schwarzbrot geben, dann dickt sie schon etwas ein. Im Dampftopf etwa 15 Minuten kochen. Zum Schluß mit gekörnter Brühe und Sauerrahm abschmecken.

Kalbszunge in weißer Kapernsoße

2 kleine Kalbszungen
eine mit Nelken gespickte Zwiebel
3 Lorbeerblätter
1 Stückchen Zitronenschale
5 Pfefferkörner
Salzwasser
1 Bund Suppengrün

Die Zunge gut säubern und mit Suppengrün, Lorbeerblättern, der Zwiebel, den Pfefferkörnern und der Zitronenschale im Salzwasser etwa 45 Minuten weich kochen. Dann, solange die Zunge noch warm ist, die Haut gründlich abziehen und das weiche Fleisch vom Schlund entfernen. Die Zunge in Scheiben schneiden und mit der Kapernsoße begießen.

Soße:
1 EL Butter oder Fett
1-2 EL Mehl
1 Gläschen Kapern
1 Stückchen Zitronenschale
1 Löffel Kondensmilch
Zitronensaft
3/8 l Fleischsud, etwas Salz

Eine helle Mehlschwitze zubereiten und mit dem Fleischsud aufgießen, abschmecken mit Zitronensaft, dann die Kapern dazugeben und zum Schluß mit Kondensmilch, Salz, Zitronenschale und Saft abschmecken.

Lüngerl sauer

1 Kalbslunge
1 Kalbsherz
1 Bund Suppengrün
1-2 Zwiebeln
2 Nelken, 1 Lorbeerblatt
Pfefferkörner, Pimentkörner
2 l Salzwasser
2 EL Butter
2 EL Mehl
3-4 EL Essig
Majoran und Thymian
Zitronensaft, Zucker
3 EL Sauerrahm

Lunge und Herz sauber waschen, Sehnen entfernen und in heißem Salzwasser mit Suppengrün und Brühwürfel zusetzen. Zwiebel mit Nelken spicken, Zitronenschale, Lorbeer, Piment, Pfeffer zugeben und alles etwa 90 Minuten kochen, bis das Herz schön weich ist.

In der Brühe etwas abkühlen lassen, dann die Lunge über Nacht zwischen zwei Brettchen legen und beschweren, die Lunge läßt sich danach besser in Streifen schneiden. Aus Butter und Mehl machen sie eine sanft braune Einbrenne, füllen mit der durchgeseihten Lüngerlbrühe auf und fügen den Majoran, Thymian, Zucker, Essig und den Zitronensaft zu. Mit der in Streifen geschnittenen Lunge und dem geschnittenen Herz langsam, etwa 20 Minuten durchdünsten. Vor dem Anrichten verfeinern sie das Lüngerl mit etwas saurem Rahm und bestreuen mit feingehackter Petersilie.

Dazu serviert man nur Semmelknödel.

Saure Nieren

500 g Schweinenieren
2 kleine Zwiebeln
je 1 EL Butter und Schweineschmalz
1 EL Mehl
125 ml saurer Rahm
2-3 EL Essig
Salz, Pfeffer
etwas heißes Wasser
1 Msp. Zucker

Nieren gut wässern und der Länge nach aufschneiden. Harnstränge entfernen und die Nieren in ganz dünne Scheiben schneiden. Inzwischen Zwiebelringe in Butter und Schmalz rösten, Nieren kurz in Mehl wenden, zu den Zwiebeln in die Pfanne geben und unter ständigem Wenden etwa sechs Minuten braten, dann die Nieren aus der Pfanne nehmen. In den Bratenfond den Essig und den sauren Rahm gießen, mit Salz, Pfeffer und Zucker abschmecken und etwas dicklich einkochen lassen.

Die Nieren noch salzen, pfeffern und in die Soße geben. Mit Petersilie bestreuen und mit Kartoffelbrei oder Bratkartoffeln servieren.

Fisch

Bierkarpfen

1 großer Karpfen
40 g Butter
2 EL Mehl
2 Zwiebeln
1 l dunkles Bier
100 g Lebkuchen
einige Pfefferkörner
Salz, Nelkenpulver

Der Karpfen soll noch leben, da man das Blut zu diesem Gericht braucht.

Beim Schlachten fängt man das Blut in etwas Essigwasser auf und rührt es gut durch. Den geschuppten, gewaschenen Fisch teilt man in Portionsstücke und stellt diese eingesalzen, eine Stunde zur Seite. Inzwischen röstet man in Fett das Mehl und die gewiegte Zwiebel hellbraun, gießt mit Bier auf, gibt die geriebenen Lebkuchen, Pfefferkörner, eine Prise Nelkenpulver und das Karpfenblut zu. In dieser Soße kocht man die Fischstücke vorsichtig gar. Einen Teil der Soße gibt man über die Karpfenstücke, den Rest reicht man gesondert mit Salzkartoffeln.

Fischwürstel

500 g Fischfilet
1 Ei
Salz, Pfeffer, Muskat
Petersilie
Saft und Schale einer Zitrone
Zum Panieren:
Mehl, Ei und Brösel

Das Fischfilet muß sehr fein durchgedreht werden, am Besten zweimal. Zu dieser Masse gibt man das Ei, Saft und Schale der Zitrone, Salz, Pfeffer, Muskat und viel feingewiegte Petersilie. Der Fischteig wird so lange vermischt und geknetet, bis er nicht mehr an den Händen klebt.
Dann formt man mit feuchten Händen kleine Würstel daraus, wälzt sie in Mehl, Ei und Semmelbrösel und brät sie in der Pfanne rundum goldbraun.

Waller in Rahmsoße

1 kg Waller
Salzwasser
1 Glas Weißwein
1/2 Tasse Rahm
reichlich Petersilie, 1 Zitrone
Muskat, Pfeffer
Butter, eine Prise Zucker

Der Waller wird in eine gebutterte Reine gelegt, dann mit Weißwein und Rahm übergossen, mit Salz, Pfeffer, Muskat, Petersilie, geriebener Zitronenschale und etwas Zucker gewürzt und mit Zitronensaft beträufelt. Der Fisch wird im Rohr langsam gedämpft und mit Salzkartoffeln aufgetragen.

Mehlspeisen süß und pikant

Bayerische Zwetschgenknödel mit Quarkteig

100 g Butter
100 g Grieß
100 g Mehl
250 g Quark (Halbfett 20%)
1 Ei
1 Prise Salz
Zwetschgen
Würfelzucker
Butter
Semmelbrösel
Zimt
Zucker

Aus Butter, Grieß, Mehl, Quark, einer Prise Salz und dem Ei wird ein glatter Teig geknetet, der nicht mehr an den Händen kleben sollte. Inzwischen einen großen Topf mit Salzwasser zum Kochen bringen. Mit feuchten Händen einen Knödel formen, in die Mitte des Teiges eine entsteinte Zwetschge, die mit einem Zuckerstück gefüllt wird, geben, und den Teig schön schließen, damit die Knödel im Wasser nicht aufgehen. Man muß die Knödel in das kochende Wasser einlegen, kurz aufkochen und dann nur noch etwa 10 Minuten ziehen lassen.
In einer Pfanne schmelzen wir ungefähr 100 g Butter, rösten die Semmelbrösel darin an und geben die fertigen, gut abgetropften Zwetschgenknödel dazu. Man kann sie noch mit Zimt und Zucker bestreuen.

Ausgwoiglda „Scheo" (Hefestrudel)

300-400 g Mehl
2 Eier
Hefe
Milch
Butter
Zucker
Äpfel, Rosinen oder Kirschen

Hefe in warmer Milch auflösen und zum Mehl geben, mit Eiern und restlicher warmer Milch zu einem glatten Teig verkneten. Diesen gut aufgehen lassen. Danach wellt man den Teig aus und zieht ihn noch schön dünn, bestreicht ihn mit zerlassener Butter, streut Zucker, Rosinen und gehobelte Äpfel darüber (im Sommer schmeckt er auch vorzüglich mit Kirschen), rollt den Teig und legt ihn wie einen Strudel in eine gut gebutterte Reine. Im vorgeheizten Rohr bei 180 - 200° etwa 45 - 50 Minuten backen.

Ausgwoiglda Scheo

Hoawa Datschi

Topfennudeln aus der Pfanne

250 g Topfen (Quark)
1 EL Butter
etwas Salz
2 Eidotter
1-2 EL Sauerrahm
etwa 250 g Mehl
Zimt und Zucker

Aus Mehl, Butter, Eier, Quark, Salz und Sauerrahm kneten man ei-
nen schönen Teig, der nicht mehr an den Händen kleben soll.
Daraus dreht man ngerdicke Nudeln, gibt sie in eine Brat-
pfanne mit viel heißer Butter und bäckt sie schwimmend aus.
Sie werden noch heiß mit Zimtzucker bestreut und warm zum
Kaffee gegessen.

Hoawa Datschi

300 g Mehl
1 Prise Salz
5 Eier, getrennt
1/2 l Milch
etwas Butter
500 g Hoawa (Heidelbeeren)
Zucker zum Bestreuen

Aus Mehl, Salz, Eigelb, Milch und steifgeschlagenem Eiweiß
wird ein dickerer Pfannkuchenteig hergestellt. In einer
großen Reine erhitzt man Butter, füllt den Teig ein, verteilt die
Heidelbeeren darauf und bestreut sie mit Zucker. Bei 180°C
läßt man den Datschi im Rohr ca. 30 Minuten backen und bestreut ihn anschließend nochmal mit Zucker.

Grießschmarrn

250 g Grieß
1 l Milch
3 Eier
abgeriebene Zitronenschale
1 Prise Salz
Butter

Grieß, Salz, Eier und Zitronenschale mit Milch anrühren. Etwa
30 Minuten stehen lassen, damit der Grieß quellen kann. In
der Pfanne Butter zerlassen und einen Teil des Teiges hinein-
schütten. Stocken und braun werden lassen, dann gut zerstechen und nochmal Butter dazugeben und wenden, daß er
rundum braun wird. Nach Belieben Puderzucker oder Zimtzucker darüberstreuen und mit Apfelmus oder Zwetschgen-
kompott servieren.

Grumplert

1 kg gekochte Kartoffeln
1 Weißkraut oder ein Endiviensalat
Salz, Pfeffer, Kümmel, Essig
Sauerrahm, Wasser

Die Kartoffeln kochen, abkühlen lassen, schälen und in Scheiben schneiden. Das feingeschnittene Weißkraut überbrühen
und zugedeckt stehen lassen. Nach 30 Minuten abseihen und
zu den Kartoffeln geben und würzen. Schweinefett auslassen
und mit den Grieben das Ganze einbrennen. Zum Schluß viel
Rahm untermischen.

Sauerkrautnudeln

500 g rohes Sauerkraut
2 Eier
Mehl
Salz
Fett

Das Sauerkraut drückt man gut aus und schneidet es mehrmals durch. Daran gibt man 2 Eier, Salz und soviel Mehl, daß ein knetbarer Teig entsteht. Man rollt kleine Nudeln davon aus, die in Salzwasser gekocht werden. Nach dem Abtropfen bäckt man sie in heißem Fett rundum goldbraun aus und reicht eine Soße dazu.

Krautkrapfen

250 g Mehl
1 Ei
Sauerkraut
Geräuchertes
Fett
Salz
Wasser

aus Mehl, Ei, Salz und Wasser wird ein Nudelteig bereitet. Daraus macht man dünne Fladen, die dann etwas antrocknen müssen. Diese Fladen belegt man mit gedämpftem Sauerkraut und gewürfeltem Geräucherten, rollt sie anschließend zusammen und schneidet 4 cm lange Stücke ab. In einem weiten Topf werden das Fett und eine Tasse Wasser heiß gemacht, die Krapfen hineingestellt und etwa 30 Minuten gedünstet. Man kann sie mit Schnittlauch bestreut servieren.

Rupfhauben

500 g Mehl
Salz
1/8 l Wasser
2 Eier
10 g Hefe
50 g Butter oder Butterschmalz
1/2 l Milch

Aus Mehl, Salz, Eiern und Wasser bereitet man einen ziemlich
festen Nudelteig, in den die Hefe trocken eingebröselt wird.
Dann wälzt man den Teig zu einer Rolle und schneidet davon
kleine Stücke ab, die zu untertellergroßen, messerrücken-
dicken Fladen ausgerollt werden. Diese läßt man eine Viertel-
stunde liegen.
In einem weiten Topf läßt man die Butter oder das Schmalz
und die Milch aufkochen (man kann auch einen Löffel Zucker
und Apfelschnitze dazugeben), nimmt die Teigflecke in der
Mitte hoch und stellt sie wie ein Zelt oder Hauben dicht nebeneinander in die heiße Milch. Sofort den Deckel, der gut
schließen muß, darauf setzen und bei mittlerer Hitze eine halbe Stunde kochen. Die Hauben müssen schöne, braune Ra-
merl haben. Man nimmt sie mit einer Backschaufel vorsichtig
heraus und ißt sie mit Kompott oder saurer Milch.

Scheiterhaufen

6 Semmeln vom Vortag
500 g Äpfel
3/4 l Milch
75 g Zucker
4 Eier
3 EL Rum
Zimt
Butter für die Form

Semmeln so einschneiden, daß sie unten noch zusammenhängen. Äpfel schälen und in Scheiben schneiden. Die Apfelscheiben werden dann in die Semmelspalten gegeben. Milch leicht erwärmen, Zucker darin auflösen, Eier und Rum unterrühren. Dann eine feuerfeste Form ausbuttern, die Semmeln hineinsetzen und die Eiermilch darüber gießen. Man kann auch noch Rosinen über die Semmeln streuen. Im vorgeheizten Backofen bei 180° C etwa 60 Minuten goldbraun backen.

Semmelschmarrn

7 alte Semmeln
3/8 - 1/2 l Milch
Salz
3-4 Eier
Butterschmalz
Zucker

Semmeln in Scheiben schneiden. Eier mit Salz und Milch verquirlen und über die Semmeln gießen. Alles 1/2 Stunde ziehen lassen. Dann in einer Pfanne Fett erhitzen und die eingeweichten Semmeln portionsweise darin ausbacken. Nach Belieben mit Zucker und Zimt bestreuen.

Topfennudeln aus dem Backrohr

400 g Topfen (Quark)
80-100 g Butter
50 g Zucker
2 Eier
40 g Hefe

etwas Milch
300 g Mehl
50 g Rosinen
Salz

Butter, Zucker und Eier werden schaumig gerührt. Dazu gibt man die in wenig Milch und Zucker aufgelöste Hefe, den Topfen, das Mehl, die Rosinen, Salz und wenn nötig, noch einige EL Milch. Der Teig wird kurz durchgeschlagen und dann zum Gehen warm gestellt. Man sticht mit einem Eßlöffel Nudeln davon ab und setzt sie in eine gut gefettete Form nebeneinander. Dann bäckt man sie in der Röhre etwa 30 Minuten goldbraun und bringt sie mit der braunen Kruste nach oben und mit Zucker bestreut zu Tisch.

Zwetschgen Bettelmann

1 l kalte Milch
4 EL Grieß
500 g aufgeschnittene Semmeln
4 Eier, getrennt
Zimt, Zitronenschale

2 EL Butter
125 g Zucker
250 g Zwetschgen
Sauerrahm

Grieß in die Milch einrühren und die Semmeln zum Weichen dazu tun. Eigelbe, Zimt, Zucker, Zitronenschale und Butter ebenfalls unterrühren. Eischnee unterziehen und die Hälfte der Masse in eine gebutterte Form füllen. Darauf setzt man die halbierten Zwetschgen, streicht den restlichen Teig darüber, beträufelt mit Sauerrahm und bäckt den wohlschmeckenden, sehr sättigenden Auflauf langsam bei 170⁰ C, bis er eine goldbraune Kruste hat. Vor dem Auftragen bestreut man ihn mit Zimtzucker.

Kartoffelgerichte

Kartoffelschmarrn

1 kg gekochte Kartoffeln
Mehl
Salz
Fett

Die gekochten Kartoffeln noch heiß durchdrücken und etwas auskühlen lassen.
Dann mit dem Salz und Mehl zu einem Teig kneten. Anschließend in einer Pfanne viel Fett schmelzen, etwas Wasser dazu geben und den Kartoffelteig mit den Finger zerbröseln und in die Pfanne geben. Falls der Schmarrn zu trocken wird, noch ein Stück Butter dazu tun. Den Schmarrn in der Pfanne immer wieder zerstechen und wenden, bis er rundum schön braun und knusprig ist.
Er gelingt am Besten, wenn man den Teig nach und nach in der Pfanne brät.
Man kann den Teig auch in eine Reine geben und im Backrohr backen. Da muß man aber von Anfang an sehr viel Fett zerlassen. Der Schmarrn muß im Rohr auch immer wieder gewendet werden.
Dazu serviert man Apfelmus, Buttermilch, g'stöckelte Milli oder auch Sauerkraut.

Reibernudeln

1 kg rohe Kartoffeln   *Salz*
250 g Quark   *Fett*
3 Eier

Die Kartoffeln schälen und aufreiben, die Kartoffelmasse leicht ausdrücken, mit Salz, Eier und Quark gut vermischen. In einer Bratreine Butter schmelzen und aus dem Teig mit den Händen eine Art Nudeln formen und nebeneinander in die heiße Butter setzen. Das Backrohr auf 220° vorheizen und die Nudeln darin backen. Nach etwa 30 Minuten 1/4 l warme Milch angießen und 10 Minuten vor Bratende die Reibernudeln dick mit Sauerrahm bestreichen, daß sie eine dicke braune Kruste bekommen.
Man kann die Nudeln mit Apfelmus oder mit Sauerkraut servieren.

Wespennester

1 kg gekochte Kartoffeln (vom Vortag)   *Sauerrahm*
Salz   *Zucker*
Mehl   *Butter*
1 kg Äpfel   *Milch*

Die gekochten Kartoffeln abschälen, fein aufreiben, mit Salz und soviel Mehl wie nötig zu einem geschmeidigen Teig, der nicht mehr klebt verarbeiten. Dieser wird ausgerollt, mit zerlassener Butter bestrichen, mit gehobelten Äpfeln bestreut und mit gezuckertem Sauerrahm bestrichen. Dann rollt man den Teig zu einer Schlange auf, schneidet etwa 5 cm lange Stücke ab und setzt diese in eine Reine mit viel zerlassener Butter. Man brät die Wespennester ungefähr eine Stunde bei 200° C im Rohr. Nach ca. 30 Minuten gießt man warme Milch darüber und 15 Minuten vor Backende streicht man sie noch dick mit Sauerrahm ein und läßt sie schön braun und knusprig braten.
Mit Apfelkompott oder Naturjoghurt schmecken sie am besten.

Echte bayerische Bauernknödel und ein paar andere Beilagen

Bummerer (Vollkorn-, oder Roggenknödel)

250-300 g Vollkorn-, oder Roggenmehl
Wasser, Salz, Schweinefett oder Grammeln

Mehl nach und nach mit Wasser vermischen, so daß man den Teig gut abbröseln kann, dann salzen, Schweinefett heiß werden lassen und zu dem Knödelteig geben. Alles gut verkneten und nicht zu große Knödel formen, ins kochende Salzwasser einlegen und ca. 25 Minuten ziehen lassen. Wenn man mit dem Schweinefett auch noch Grammeln dazu gibt, werden die Knödel lockerer. Die Knödel sollen beim Anstechen auseinanderbrechen.

Fleckknödel

500 g Mehl
1 Ei
Salz, Öl
lauwarmes Wasser
Butter
1/2 Pfd. Grieß

aus Mehl, Ei, Öl, Salz und Wasser knetet man einen Strudelteig und läßt diesen zugedeckt, an einem warmen Ort, eine Stunde ruhen. In der Zwischenzeit röstet man den Grieß mit Butter in einer Pfanne hellbraun an. Danach wellt man den Teig auf einem Nudelbrett etwa 3 mm dick aus, streicht den Grieß darauf, rollt den Strudel zusammen und schneidet etwa 10 cm lange Stücke ab. Diese werden an den Enden gut festgedrückt und etwa 20-30 Minuten im Salzwasser gekocht. Dazu gibt es Geräuchertes (gekocht) und Sauerkraut.

Gebratenes Weißkraut

1 Weißkraut
Salz, Pfeffer
Schweineschmalz
Petersilie
etwas Fleischbrühe

Der Krautkopf wird geviertelt oder geachtelt und in reichlich Salzwasser gut weichgekocht.
Danach muß das Kraut gründlich abtropfen. In einer großen Pfanne wird das Fett erhitzt, darin röstet man die Krautstücke, bis sie schön braun geworden sind. Man kann ein wenig mit Fleischbrühe aufgießen, salzen und pfeffern und zum Schluß gehackte Petersilie darüber streuen.
Wer es gerne herzhafter hat, kann zum Fett noch Speckwürfel zufügen.

Grammelknödel

1 kg gekochte, geschälte und durchgedrückte Kartoffeln
250 g Mehl
2 Eier
5 EL Grieß
etwas Salz
Muskat
180 g ausgelassene Grammel
1 kleine, gehackte Zwiebel

In einer Pfanne werden die Zwiebeln mit den Grammeln angeröstet. In der Zwischenzeit verknetet man alle anderen Zutaten zu einem glatten Teig. Dieser wird dünn ausgerollt, in Vierecke geschnitten und darauf kommt ein Löffel mit den Grammeln. Daraus werden Knödel geformt, die in Salzwasser 10-15 Minuten gekocht werden.

Grießknödel

250 g Grieß
5 Semmeln
500 g gekochte, durchgedrückte Kartoffeln
150 g Butter
4 Eier
1/8 l saure Sahne
Salz, Muskatnuß

Butter und Fett schaumig rühren, salzen und nach und nach die Eier und den Grieß dazugeben. Die Semmeln werden würfelig geschnitten, etwas angeröstet, mit dem Rahm und den Kartoffeln vermischt, dann wird alles gut verknetet. Falls der Teig zu weich ist, gibt man noch etwas Grieß dazu, ist er zu fest, wird mit Rahm verdünnt. Die Knödel werden im Salzwasser 10-15 Minuten gekocht.

Grießknödel auf andere Art

gelingen garantiert immer

1/4 l Milch
40 g Butter
120 g Grieß
1 Semmel gewürfelt
2 Eier
Salz, Muskat

Milch und Butter aufkochen und wieder abkühlen lassen, dann den Grieß einrühren, angeröstete Semmelwürfel zufügen, mit zwei Eiern vermischen und mit Salz und Muskat abschmecken. Die ganz Masse ca. 30 Minuten ziehen lassen, danach Knödel formen und mit feuchten Händen ins kochende Wasser einlegen.

G'wichste (Roggenknödel)

ca. 200 g feines Roggenmehl
Salz
Wasser
nach Belieben Grammeln

Aus Mehl, Salz und Wasser einen festen Teig bereiten, der sich noch gut zu kleinen Knödel formen läßt. Die kleinen Knödel werden im Salzwasser etwa 25 Min. gekocht. Ab und zu etwas umrühren, damit die Knödel nicht am Boden festkleben.
Man kann auch Grammeln zu dem Teig geben, dadurch wird er etwas lockerer.

Halbleinerne (Kartoffelknödel)

Etwa 1 kg gekochte Kartoffeln vom Vortag
Speckwürfel
Mehl
Salz

Kartoffeln schälen, reiben und salzen. Dann die Speckwürfel auslassen und zu dem Kartoffelteig geben. Mit den Händen gut verkneten und nach und nach Mehl einarbeiten, bis der Teig nicht mehr klebt. Im Salzwasser erst kochen, dann etwa 25 Minuten ziehen lassen.

Radigemüse

2 große Radi (Rettiche)   Sahne, Milch
Salz, Pfeffer, Muskat   Gekörnte Brühe
Fett

Die Radi raspeln und ein wenig salzen. Etwa 15 Minuten stehen lassen, danach das Wasser abgießen. In einem Topf Fett oder Butter zerlassen, die geraspelten Radi dazu geben, salzen, pfeffern und Muskat daran reiben. Mit wenig Milch aufgießen und 10 Minuten dünsten lassen. Ganz leicht mit Mehl stauben und mit Brühe und Sahne abschmecken.

Auf die gleiche Art und Weise kann man auch das Rübenkraut zubereiten.

Reibeknödel

1 kg rohe Kartoffeln   2 Semmeln vom Vortag gewürfelt
500 g gekochte Kartoffeln   1/4 l Sauerrahm
Salz, Majoran, Pfeffer   1 Ei

Die rohen Kartoffeln werden gewaschen, geschält und auf einer Reibe fein aufgerieben. Damit sie nicht braun werden, gibt man einen guten Schuß Essig zu den geriebenen Kartoffeln. Die Kartoffelmasse wird mit einem Küchenhandtuch, am besten aus Leinen, gut ausgedrückt und mit den bereits am Vortag gekochten Kartoffeln, die man ebenfalls schält und reibt., vermischt. Inzwischen werden die Semmelwürfel in Butter leicht angeröstet und zu dem Teig gegeben. Man würzt mit Salz, Pfeffer, Majoran, fügt das Ei und den Sauerrahm zu, verknetet alles gut miteinander und formt mit nassen Händen Knödel. Diese werden im kochenden Salzwasser 20-30 Minuten gegart. Die Knödel sollten rasch zubereitet werden, damit sie nicht braun und unansehnlich werden.

Semmelknödel

6 aufgeschnittene Semmeln (vom Vortag)
2 Eier
1 kleine Zwiebel
1 Stück Butter
1 Bund Petersilie
Milch
Salz, Pfeffer, Muskat

Zu den Semmeln, die Eier und die angewärmte Milch geben und kurz ziehen lassen. In der Zwischenzeit die fein gewürfelte Zwiebel mit der kleingeschnittenen Petersilie in Butter leicht andünsten und zu den Semmeln geben. Mit Salz, Pfeffer und Muskat würzen und zu einem lockeren Teig mischen, der nicht kleben darf, ansonsten muß man noch etwas Mehl darunter kneten. Mit nassen Händen Knödel formen und sofort in kochendes Salzwasser einlegen, kurz aufkochen und dann nur noch etwa 20 Minuten ziehen lassen.

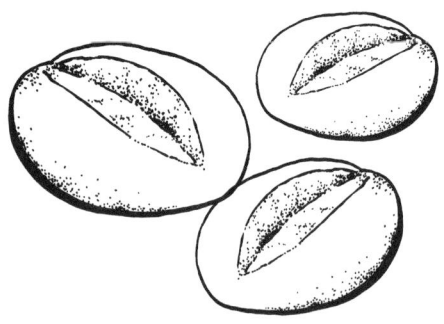

Wolpertinger Speckknödel

Knödelbrot von 10 alten Semmeln
1/2 l Milch
100 g durchwachsenen Speck
1 Zwiebel
2 Eier
50 g Salami
2 EL gehackte Petersilie
Salz, Pfeffer, Muskat
evtl. Semmelbrösel

Das Knödelbrot mit lauwarmer Milch einweichen und 30 Min. zugedeckt ziehen lassen. Speck und Zwiebel würfeln und bei geringer Hitze anbraten. Diese Mischung, die Eier, Petersilie und die Salami zu dem Knödelteig geben, mit den Gewürzen abschmecken und alles gut durchkneten. Falls der Teig zu weich ist, Semmelbrösel untermischen. Mit nassen Händen Knödel formen, diese in kochendes Salzwasser einlegen und etwa zwanzig Minuten ziehen lassen.
Dazu paßt gut Blattsalat oder Sauerkraut.

Nachspeisen

Hollerkoo (Hollerkompott)

1 kg Hollerbeeren
500 g Zwetschgen
500 g Äpfel
1 Päckchen Vanillesoße
Zimtstange
Nelken
Zitrone
etwa 200 g Zucker

Hollerbeeren abzupfen, waschen. Mit Zwetschgen, Apfelspalten, Zimt, Nelken, Zitronenschale und Zucker zusetzen und 20 Minuten kochen lassen. Zum Schluß mit in Milch angerührter Vanillesoße binden.
Entweder pur oder mit Vanilleeis oder einem Nockerl Bayerischer Creme servieren.

Rahmguglhupf

16 EL Rahm (Sahne mit Creme fraiche vermischt)
16 EL Zucker
22 EL Mehl
4 Eier
2 Backpulver

Alle Zutaten gut mit dem Quirl verrühren, bis ein dickflüssiger Teig entsteht. Diesen in eine gut gefettete Guglhupfform einfüllen und den Kuchen bei Mitteltemperatur (170°C) hellbraun backen.

Rahmguglhupf

Feine Beerensülze

Feine Beerensulz

750 g gemischte Beeren (Himbeeren, Erdbeeren, Heidelbeeren)
200 g Zucker
1 Stamperl Rum
1 Päckchen Vanillezucker
Saft oder Weißwein
8 Blatt Gelatine

Die Beeren fein zerdrücken und mit dem Zucker vermischen.
Dazu gibt man den Rum, den Vanillezucker und soviel Flüssigkeit (Wein oder Saft), daß ein Liter entsteht. Darin löst man
die Gelatine auf und füllt die Masse in eine kaltgespülte Form,
die nach dem Erstarren gestürzt wird. Man kann eine Form
auch mit Klarsichtfolie auskleiden, aber Vorsicht, daß keine
Falten darin sind, dann löst sich die Sülze gut. Zuletzt garniert
man die Nachspeise noch mit Blättern von Zitronenmelisse
und serviert kalte, flüssige Sahne dazu.

Hollerkiachl

10-12 Dolden vom blühenden Holler
150 g Mehl
eine Prise Salz
2 Eier
Öl
Backpulver
Wein oder Bier
Fett zum Ausbacken

Holler waschen und abtropfen lassen. Aus Mehl, Eiern, Öl,
Salz, Backpulver und Wein oder Bier einen dicken Pfannkuchenteig herstellen. Die Blütendolden in den Teig eintauchen
und im heißen Fett goldgelb backen. Mit Puderzucker bestäubt anrichten.

Käsekuchen, bayerischer

500 g Quark
2-3 Eier
2 EL Zucker
1 EL Fett
1 Tasse Rahm oder Buttermilch
2 EL Rosinen
30 g Butter
1 El Mehl
Salz und geriebene Schale einer halben Zitrone
Zutaten für den Hefeteig:
750 g Mehl
20 g Hefe
1 Ei
30 g Fett
etwas Salz und Zucker
etwa 1/4 l Milch

Aus Hefe, Zucker, etwas Mehl und Milch einen Vorteig bereiten und diesen gehen lassen.

Zu dem Vorteig das restliche Mehl, die Milch, das Ei, Salz und
Fett zugeben und gut verschlagen, bis der Teig Blasen wirft
und sich vom Rand ablöst. Dann den Teig ruhen lassen, bis er
sich verdoppelt, danach nochmals gut kneten und in eine gefettete Kuchenform drücken, dabei den Rand gut hochziehen.
Während der Teig geht, drückt man den Quark durch ein
Sieb, gibt Eier, Rahm und zerlassene Butter dazu und vermischt alles gut. Es muß eine breiige Masse entstehen. Auf den
Teig streut man Zucker, streicht dick die Käsemasse darauf
und zuckert dann nochmals. Der Kuchen muß bei 190°C gebacken werden, bis die Käsemasse hellbraun ist.

Apfelkücherl

3-4 Äpfel (Boskop)
1/8 l Wein
Mehl
3 Eier
Salz
1/2 l Milch
Fett

Die Äpfel schälen, das Kernhaus ausstechen und quer in 1 cm dicke Scheiben schneiden, diese mit Wein oder Rum und Zitronensaft beträufeln und etwas ziehen lassen. In der Zwischenzeit einen nicht zu dünnen Pfannkuchenteig anrühren und die Apfelringe darin eintauchen.

In einer Pfanne Fett erhitzen und die Apfelscheiben darin goldgelb ausbacken. Zum Schluß mit Zimt und Zucker oder Puderzucker bestäuben und mit Vanillesoße oder Vanilleeis servieren.

Zwetschgenbavesen

alte Semmeln oder Stangenweißbrot
Zwetschgenmus
etwas Milch
150 g Mehl
2 Eier
1 Prise Salz, 1 EL Zucker
1/4 l Milch
Butterschmalz
Zimt, Zucker

Semmeln in Scheiben schneiden, immer zwei mit Zwetschgenmus zusammenkleben und in Milch eintauchen. Aus
Mehl, Eiern, Salz, Zucker und Milch einen Pfannkuchenteig
herstellen, die Bavesen darin wenden und in heißem Butterschmalz ausbacken. Zum Servieren mit Zimt und Zucker bestreuen.

Niederbayerischer Zwetschgenkuchen

300 g Mehl
170 g Zucker
175 g Butter
1 P. Vanillezucker
Zitronensaft
1 Ei und 1 Eigelb
2 große gekochte Kartoffeln (vom Vortag)
Zimt
1 1/2 kg Zwetschgen

Aus allen Zutaten, außer den Zwetschgen bereitet man einen
Mürbteig, reibt die Kartoffeln fein darunter und stellt ihn eine
1/2 Stunde kalt. In der Zwischenzeit entsteint man die Zwetschgen. Ein großes Backblech wird mit Butter gut gefettet und der
Teig dünn darauf gedrückt. Auf die Teigplatte streut man Zimt
und Zucker, legt die Zwetschgen darauf und bäckt den Kuchen im Rohr bei 200° C etwa 45 Min..
Erst dann wird er nochmals gezuckert.

Bayerische Creme

1/4 l Milch
1/2 Vanillestange
3 Eigelb
125 g Zucker
8 Blatt Gelatine
1/4 l Sahne
Frisches Obst zum Garnieren

Milch mit der Vanillestange erhitzen, vom Herd ziehen und die Vanille noch 10 Min. in der Milch ziehen lassen. Eigelb mit Zucker schaumig rühren, die heiße Milch vorsichtig dazugießen und weiterrühren. Gelatine in kaltem Wasser einweichen, Milch wieder erwärmen, mit dem Schneebesen gut schlagen und kurz vor dem Kochen vom Herd nehmen, sonst gerinnt die Creme. Jetzt die Gelatine ausdrücken und unterziehen, Creme in eine Schüssel füllen, abkühlen lassen, dabei öfter umrühren, sonst bildet sich eine Haut. Sobald die Creme beginnt fest zu werden, steifgeschlagene Sahne unterheben, eine Form mit kaltem Wasser ausspülen und die Creme einfüllen. Im Kühlschrank mindestens 5 Stunden fest werden lassen. Kurz vor dem Servieren auf eine Platte stürzen und mit Früchten garnieren.

Kaminkehrerbirnen

3 schöne Birnen
2 Stückchen Ingwer
1/4 l Weißwein
Zucker
Wasser

Die Birnen schälen, halbieren, das Kernhaus entfernen und in einem Sud aus Wein, Wasser, Ingwer und viel Zucker kurz kochen, die Birnen dürfen nicht zu weich werden. Birnen herausnehmen, gut abtropfen lassen und mit der Schnittfläche nach unten auf einer Platte anrichten. Mit einer Schokoladenglasur überziehen und mit gehacktem Ingwer bestreuen.

Versoffene Äpfel

3 große Äpfel
100 g Mehl
2 Eier
1/4 l Milch
Rotwein
3 Nelken
50 g Rosinen
1 Zimtstange

Äpfel schälen und in dicke Spalten schneiden. Aus Mehl, Eiern und Milch einen Pfannkuchenteig bereiten, die Apfelspalten eintauchen, in heißem Fett ausbacken und in eine Schüssel legen. Darüber gießt man gesüßten, erhitzten und mit Zimt, Nelken und Rosinen gewürzten Rotwein. Die Äpfel kurz in der Soße ziehen lassen und in der Schüssel servieren.

Schmalzgebackenes

Schuchsen süß oder pikant

250 g Topfen (Quark)
300 g Mehl
1 Prise Salz
Zitronenschale
Vanillezucker und etwas Zucker
Kirschwasser
Für die Pikanten:
statt Zitronenschale, Vanillezucker und
Zucker nimmt man Pfeffer und Muskat

Aus allen Zutaten knetet man einen zarten Teig, falls dieser klebt, gibt man etwas Mehl zu, rollt den Teig nicht zu dünn aus und schneidet große, längliche Flecke aus. Diese Teigflecke bäckt man im heißen Fett goldbraun aus, wobei sie dick auflaufen. Die süßen Schuchsen werden mit Zimtzucker bestreut zu Kaffee, die salzigen zu beliebigen Salaten, Sauerkraut oder anderen Gemüsen gereicht. Im Rottal ißt man die salzigen Schuchsen auch gerne zu Suppen.

Bachene Scherben

100 g Mehl
80 g weiche Butter
30 g Hefe
75 g Zucker
2 Eier
etwas Milch
Salz, Zucker, Vanillezucker, Zimt
Schmalz

Die Hefe wird in lauwarmer Milch aufgelöst. Dann bereitet man aus allen Zutaten mit Ausnahme des Schmalzes einen zarten Teig, der nach kurzem Gehen (30 Min.) dicklich ausgewalgt und zu ungleichmäßigen Scherben oder Ecken ausgeschnitten oder ausgeradelt wird. Man bäckt diese Scherben in heißen Schmalz goldgelb und überstreut sie dann mit Zucker.

Schmalznüsse

80 g Butter
3 Eier
65 g Zucker
1 Päckchen Vanillezucker
Salz, Zimt
450 g Mehl
2-3 EL Rahm
1 Backpulver

Butter, Zucker, Eier, Salz, Zimt und Vanille rührt man gut durch und gibt nach und nach 450 g Mehl und das Backpulver dazu. Dieser Teig wird dicklich ausgerollt und zu länglichen Nüssen ausgestochen (man kann die Nüsschen auch mit zwei Teelöffeln abstechen und formen). Man bäckt sie in heißem Fett goldbraun und bietet sie noch warm und frisch an.

Topfenpfannlinge

500 g Mehl
20 g Hefe
2 EL Zucker
80 g weiche Butter
Zitronenschale und Saft
1 Päckchen Vanillezucker
250 g Topfen (Quark)

Die Hefe wird mit Zucker und etwas Milch aufgelöst und mit dem Mehl, der Butter, Zucker, Vanillezucker, einer Prise Salz und der Zitrone zu einem schönen Hefeteig verarbeitet. In diesen Teig knetet man den Topfen und läßt ihn dann gut aufgehen. Man formt flache Fladen daraus, die in heißem Fett schwimmend ausgebacken werden.

Kartoffelpfannlinge

Man bereitet einen Hefeteig, wie oben beschrieben, nur nimmt man statt des Topfens gekochte und aufgeriebene Kartoffeln (vom Vortag). Die Zubereitung ist genau wie oben beschrieben.

Zimtstriezel

4 Semmeln (geviertelt)
1/4 l Milch
2 Eier
Zucker
Zimt
Fett

Die Semmeln werden in der Milch eingeweicht und vorsichtig ausgedrückt. Dann wendet man sie in verklopften, leicht gesüßten Eiern und bäckt sie in heißem Fett heraus. Zuletzt bestreut man sie dick mit Zimt und Zucker.

Schlenklweil-Nudeln

400 g Mehl
20 g Hefe
3 Eier
2 EL Zucker
Salz
50 g Butter
Vanillezucker, Zitronenschale

Man bereitet aus diesen Zutaten einen zarten Hefeteig, knetet ihn auf einem bemehlten Nudelbrett solange durch, bis er nicht mehr klebt. Daraus formt man kleine, längliche daumendicke Nudeln, die nach dem Gehen in Fett goldbraun gebacken und überzuckert werden. Heiß und frisch schmecken sie am besten.

Hauberlinge

500 g Mehl
20 g Hefe
80 Butter
1/4 l Milch

etwas Zucker
Salz
2 gehackte Zwiebeln, Schnittlauch
Fett

Aus Hefe, etwas Mehl und Zucker bereitet man einen Vorteig, der nach dem Gehen zu dem übrigen Mehl, Butter, Salz und der Milch gegeben wird. Dann läßt man die Zwiebeln in Butter goldbraun anlaufen und mischt sie mit dem Schnittlauch unter den Teig. Dieser muß etwa 1 Stunde gut aufgehen. Anschließend formt kleine runde Krapfen, setzt sie in eine Pfanne mit reichlich Fett und läßt sie darin backen. Wenn sie auf der Unterseite schön braun sind, wendet man sie. Man reicht die Hauberlinge zu Bier oder Wein.

Springnudeln

500 g Mehl
30 g Hefe
3 Eidotter
60 g Zucker

100 g weiche Butter
1/4 l Milch
1 Prise Salz
Fett

Aus allen Zutaten mit Ausnahme des Fettes, macht man einen geschmeidigen Hefeteig. Nach dem Gehen wird er nochmals kräftig durchgeknetet, damit er wirklich ganz zart wird. Dann gibt man eine handvoll gewaschener Rosinen dazu. Nun sticht man mit einem Eßlöffel Nudeln ab, die in der bemehlten Hand gedreht und auf ein bemehltes Brett gelegt werden. Sie werden zugedeckt; man läßt sie nochmals gehen, bis sie doppelt so groß sind. Mit einer in Fett getauchten Schere schneidet man kreuzweise in die Oberseite der Nudeln und legt sie sofort in heißes Fett, das man zudeckt, damit sie schön backen. Sie werden abgetropft und dick mit Zucker bestreut.

Schmalzrosen

250 g Mehl
100 g Zucker
1/2 Päckchen Backpulver
50 g Butter ocken
2 Eier
wenig Salz

Aus allen Zutaten knetet man ein ganz zarten Mürbteig. Er wird ausgewalgt und dann zu je drei verschieden großen Plätzchen ausgestochen. In jedes derselben macht man außen 3 bis 4 Einschnitte und setzt dann je drei Plätzchen so aufeinander, daß das kleinste obenauf ist. Man drückt alle drei in der Mitte mit dem Finger fest zusammen, wodurch sich die „Rosenblätter" ein wenig aufbiegen. Dann bäckt man sie in heißem Fett goldgelb und füllt je 1/2 halben Kaffeelöffel Marmelade in die Mitte der nunmehr schöngeformten Rosen ein. Die Spitzen bestreut man dicht mit Zucker.

Hobelspäne

375 g Mehl
60 g weiche Butter
2 EL Zucker
eine Prise Salz
1 gestrichener Kaffeelöffel Backpulver
etwas Sauerrahm oder Quark
geriebene Zitronenschale

Aus allen Zutaten kneten wir einen halbfesten Teig, der nicht zu dünn ausgewalgt wird. Man schneidet den ganzen Teig in fingerbreite Streifen, die ins heiße Fett eingelegt werden. Dann rührt man mit einem Kochlöffel kräftig um, damit sich die Bänder wie Hobelspäne im Fett kringeln. Sie werden goldbraun gebacken, abgetropft und mit Puderzucker oder Zimtzucker besteubt.

Salbeimäuserl

20 schöne Salbeiblätter
etwas Mehl
1 kleines Glas Bier
1 Eidotter
Salz
2 EL Mehl
Eischnee

Salbeiblätter waschen und vorsichtig in einem Tuch trocknen und in etwas Mehl wenden. Inzwischen verrührt man für den Ausbackteig Mehl, Salz, Eidotter und soviel Bier, daß ein flüssiger Teig entsteht. Zuletzt zieht man den Eischnee unter und dreht die Salbeiblätter in dem Teig um. Sie werden in heißem Fett ausgebacken und bilden eine vorzügliche Beilage zu Bier, Wein oder zum Knabbern.

Hasenöhrl

200 g Mehl
100 g Butter
2 Eier
2 EL Sauerrahm
je eine Prise Salz und Backpulver
Fett oder Butterschmalz

Aus Mehl, Butter, Eier, Salz, Backpulver und Sauerrahm wird ein geschmeidiger Teig geknetet; diesen zugedeckt eine halbe Stunde ruhen lassen. Danach wird er auf einem gut bemehlten Backbrett messerrückendick ausgerollt und in kleine Dreiecke geschnitten. Diese werden in reichlich heißem Fett oder Schmalz schwimmend ausgebacken. Im Rottal werden die Hasenöhrlein zu Suppen gegessen und im Bayerischen Wald werden sie mit Puderzucker bestäubt zum Kaffee gereicht.

Hasenöhrl